Conserver la Couverture

Académie des Jeux Floraux.

ÉLOGE

DU

COMTE JOSEPH DE MAISTRE,

PAR

Mme MARIE-THÉRÈSE DE VILLENEUVE,
Marquise DE VILLENEUVE-ARIFAT.

TOULOUSE,

IMPRIMERIE DE JEAN-MATTHIEU DOULADOURE,
Rue Saint-Rome, 44.

1853.

A MONSIEUR

LE COMTE DE CHAMBORD.

MONSEIGNEUR,

En acceptant l'hommage d'une Fleur obtenue de Clémence Isaure, vous lui donnez un prix que ne pourrait atteindre la faible expression de mon ardente et respectueuse reconnaissance.

Les Fleurs toulousaines n'ont jamais couronné que les plus nobles émotions de la pensée; j'ai été heureuse et fière de les déposer sur la tombe d'un homme illustre qui, français par le cœur, évoquait toujours l'aînée des Maisons royales quand il proclamait les principes de la Monarchie et de l'autorité.

Puisse la faible voix qui a osé se rendre l'écho des hautes inspirations du philosophe chrétien et royaliste, être entendue du petit-fils de saint Louis! Puisse-t-il, à travers tous les voiles, reconnaître les accents d'un cœur ému et d'un dévouement héréditaire!

Je suis avec respect,

MONSEIGNEUR,

Votre très-obéissante et fidèle servante,

M. T. DE VILLENEUVE, Marquise DE VILLENEUVE-ARIFAT.

Toulouse, 14 mai 1853.

ÉLOGE

DU COMTE JOSEPH DE MAISTRE,

DISCOURS

Qui a obtenu, comme premier Prix, une Violette au Concours de l'Académie des Jeux Floraux, année 1853;

Par Mme Marie-Thérèse DE VILLENEUVE, Marquise DE VILLENEUVE-ARIFAT, de Toulouse.

(1)

> Je plie volontiers sous cette trinité de talents qui fait entendre à la fois dans chaque phrase un logicien, un orateur et un prophète.
>
> Cte de Maistre, *Lettre au comte d'Avaray*.

Si la Providence, de sa main généreuse, a répandu avec profusion ses dons sur l'univers; si par cet ordre magnifique, qui fait succéder, depuis les premiers tressaillements du monde, aux nuits profondes l'éclat radieux du jour, au silence mystérieux de la nature le mouvement et la vie, les cieux et la terre racontent la gloire de Dieu : par un plus noble bienfait, de quelle grandeur, de quelle puissance le Créateur n'a-t-il pas revêtu l'intelligence humaine, reflet de sa propre grandeur, mortelle image de sa propre puissance! *Dominateur sur tout ce qui respire*, il a été donné à l'homme de dominer l'homme lui-même, et de lui imposer l'admiration par l'éclat du génie.

(1) On a indiqué par un astérisque les passages supprimés par l'Académie.

Dans les sociétés arrivées au sommet de la civilisation, l'orateur et l'écrivain se présentent radieux dans les voies de l'intelligence, puisant à l'intarissable source dont Dieu leur accorda le bienfait. Si le premier, plus puissant par l'entraînement électrique de sa parole, apaise ou excite les passions et jouit de son triomphe aux acclamations qui le proclament la gloire de son pays, le second, moins avide d'un éclat souvent éphémère, éclairant au lieu d'éblouir, dévoile les mystères du cœur de l'homme, le guide en sa grandeur, le soutient en ses faiblesses, et s'ouvre une voie plus sûre vers l'immortalité.

Aujourd'hui que notre faible voix s'essaie à murmurer l'éloge du grand écrivain dont le génie a su pénétrer les questions vitales des sociétés humaines; dont les théories lumineuses, les nobles inspirations, les consciencieux travaux ont acquis pour jamais des droits à notre admiration, qu'il nous soit permis de le suivre et dans les détails intimes de sa vie, et dans ces ouvrages dont la postérité gardera l'éternel souvenir.

Noble capitale du Midi, et vous vigilants Mainteneurs de ses gloires littéraires, aussi judicieux que délicats dans les hommages que vous décernez au génie, à vous il appartenait, remontant à travers les âges, de rechercher dans cet homme illustre un digne fils de la cité palladienne, de Toulouse la sainte, et d'honorer sa mémoire sous ces mêmes portiques où siégèrent avec honneur ses aïeux.

Les troubles qui agitèrent le Midi de la France dans la première moitié du XVIe siècle, avaient amené à chercher le repos au pied des Alpes une noble famille dont le nom avait souvent brillé dans les patriotiques magistratures du Capitole toulousain.

Du comte François de Maistre, président aux Etats

de Savoie, et de Mlle de Mots, fille d'un gentilhomme bressan, naquit, en 1753, le comte Joseph de Maistre.

Le premier essor de la vie révèle souvent les traits qui, plus tard, doivent former le caractère de l'homme. Dès son enfance, on remarquait dans M. de Maistre un penchant décidé pour les lectures sérieuses, un esprit réfléchi qui n'excluait pas le charme d'un intime abandon. Dans cette famille patriarcale, le respect pour des parents vénérés préparait d'avance les barrières qui devaient préserver de tout écart son ardente imagination; rien n'égalait son dévouement, son obéissance filiale. Celui qui devait répandre des clartés si vives sur les bienfaits de l'autorité paternelle, la révérait jusque dans les plus simples détails de la vie : jamais, malgré ses entraînements vers les livres, ses doctes amis, il ne voulut dans sa jeunesse en ouvrir un seul sans consulter cette douce et souveraine puissance dont il étayait l'inexpérience de ses premiers ans. « Ma » mère, disait-il lui-même, était un ange à qui Dieu » avait prêté un corps..... J'étais dans ses mains autant » que la plus jeune de mes sœurs (1). »

Le comte de Maistre fit ses études au collége des Jésuites; ce fut aux leçons de ce corps illustre qu'il puisa cette sagesse et ces vertus chrétiennes qui devinrent les gardiennes de son génie.

Entré à vingt-deux ans au sénat de Savoie, à son début dans la vie publique il reçut et mérita le titre d'*Avocat des pauvres* (2), heureux prélude de ses longs dévouements. Qu'il est beau de commencer sa vie sous l'influence de cette sympathie généreuse pour les misères de l'humanité ! Qu'il est rare de trouver réunis dans un seul cœur, dans une même tête, les principes

---

(1) Lettres et opuscules. Notice biogr. 6.
(2) *Ibid.*

fermes, l'autorité sévère que n'aveuglent point les illusions décevantes d'une fausse popularité, et cette pitié expansive qui prévient et console le malheur ! Le traité de Paris (1783) venait de couronner les victoires de la guerre d'Amérique. La France, radieuse, était saluée par les acclamations du monde du nom de reine de la civilisation, lorsqu'au sein du Sénat de Savoie le jeune comte de Maistre, que n'éblouissaient pas de dangereuses gloires, signala, en frémissant, « l'esprit destructeur dont le ravage doit s'étendre jusqu'à des bornes qu'on n'aperçoit point encore (1). »

Au moment où la tempête révolutionnaire éclata en France et bouleversa l'Europe, le comte de Maistre vit sa patrie envahie par le flot destructeur. Proscrit en 92, il revint arracher sa noble compagne aux épreuves douloureuses qui assaillaient son courage, et, fuyant avec elle, il abandonna à des soins étrangers une fille qui avait reçu le jour au moment même où au milieu d'un peuple forcené, en face d'un palais désert, le forfait le plus atroce venait de souiller à jamais nos annales (2). Ainsi, frappée par la violence de l'orage, cette « orpheline d'un père vivant » (comme il le disait lui-même) ne revit que vingt ans après l'auteur de sa triste existence, et ne connut dès sa naissance que les larmes, les angoisses d'une prison, les délaissements de la fortune et de la tendresse.

Cependant la révolution agitait sa torche sanglante; mais, loin de sentir son courage ébranlé par d'insolents triomphes, le comte de Maistre laissait échapper de son cœur la ferme, la douce espérance dont il sut, dans ses *Considérations*, développer le

(1) Discours au Sénat de Savoie.

(2) 21 janvier 1793. Constance de Maistre, aujourd'hui duchesse de Laval-Montmorency.

germe et grandir le caractère. Ses biens vendus, sa famille ruinée, il subissait avec cette force d'âme qu'inspire le sentiment chrétien, les coups de l'adverse fortune. Souvent le bonheur trahit la faiblesse du cœur de l'homme, et l'isole dans d'égoïstes jouissances. En Suisse, chargé d'une mission importante par le roi Charles-Emmanuel, il se soumettait aux sacrifices les plus rigoureux; son extrême délicatesse n'usait qu'avec une timide réserve des fonds donnés par son souverain malheureux (1).

C'est dans cette contrée, où son infortune et l'élévation de son âme, la bonté pénétrante de son cœur lui attirèrent bientôt des amis sincères, qu'il rencontra Mme de Staël, cette femme étonnante, à la mâle énergie, à la pensée hardie, impétueuse, à la voix vibrante, au trait incisif et brillant, à la facile éloquence; mais en se comprenant, en rendant une justice mutuelle à l'éclat de leurs talents, ces deux hautes intelligences durent reconnaître bientôt l'intervalle profond qui les sépara toujours. Là où Mme de Staël fascinait l'imagination, M. de Maistre éclairait la raison; quand la première colorait du charme entraînant de son style la fougue de ses idées, le comte de Maistre s'élevait avec une simplicité majestueuse dans ces hautes régions dont il parcourait l'immensité. L'une a été sublime malgré ses erreurs; l'autre a été grand par la vérité dont il s'est fait l'infatigable et magnanime athlète. C'est dans l'enthousiasme d'un cœur généreux que la première a trouvé ces paroles admirables dont le retentissement ne cessera jamais de charmer notre oreille; c'est dans

---

(1) Il écrivait à sa compagne ces nobles et simples paroles : « Ma » femme, nous usons de ce qui appartient à ce roi écrasé par une » guerre désastreuse : point de dépenses inutiles. » — (Lettre inédite.)

la sagesse d'une âme pénétrée du sentiment chrétien, que le comte de Maistre a puisé ces magnifiques enseignements dont la base inébranlable repose sur la révélation divine. Mme de Staël peut séduire, M. de Maistre doit convaincre; il y aura toujours dans les idées de cette femme célèbre des appels éloquents qui entraîneront des esprits distingués, car elle flatte la nature de l'homme; elle l'enivre de sa propre puissance, elle s'insinue jusque dans les secrets de son orgueil. Le comte de Maistre l'élève alors même qu'il l'humilie; dans l'austère franchise de son langage, il ne dissimule point ses faiblesses; il sonde ses misères, il avoue son inconstance; mais c'est sur le bras de Dieu même qu'il appuie sa marche incertaine; c'est à l'Être éternel qu'il lie cette existence éphémère; c'est par l'inspiration religieuse qu'il la soutient, l'anime, la grandit, la place au-dessus de tous les êtres créés, transforme son dévouement en héroïsme et sa résignation en un sublime et volontaire hommage de sa dépendance.

C'était dans l'abandon des intimes entretiens de Lausanne et de Coppet que le comte de Maistre préludait aux hautes théories qui devaient enrichir ses écrits. Tout en les combattant, Mme de Staël se plaisait à répéter dans le cercle de ses amis qu'il n'y avait en Europe que quatre hommes politiques, M. Necker, M. Pitt, le comte de Maistre et l'avoyer Steiger. L'écho de ces entretiens avait préparé les esprits, et parmi les modernes interprètes de la vérité, nul peut-être ne parut avec plus d'éclat que le comte de Maistre, et le premier jet de sa plume fut l'éclair d'un génie aussi méditatif que brillant, aussi sincère dans sa judicieuse critique qu'entraînant par l'énergie du style. Deux qualités éminentes distinguent à la fois l'illustre écrivain : chez lui, le ton élevé du langage n'en exclut ni la vivacité ni la grâce, et le trait piquant qui parfois donne tant de finesse à sa pensée, ne vient châtouiller l'esprit que pour le mettre en présence des plus magnifiques inspirations. Nul mieux que le comte de Maistre ne descend dans l'abîme des incertitudes humaines, nul ne traite avec l'accent d'une conviction plus profonde ces questions brûlantes qui soulèvent les passions et menacent l'avenir des sociétés, nul enfin ne développe sa pensée avec cette verve chaleureuse et pénétrante qui éclaircit le doute et dissipe le préjugé.

Mais soit qu'il *considère* (1) la France, et qu'il trace en traits de feu ses malheurs et ses destinées; soit que, pressé par l'ardeur de sa foi, il décrive les grandeurs de cette autorité d'institution divine dont son âme a compris le sacré caractère; soit lorsque, sous un ciel sévère, au bord des fleuves glacés de cet empire gigantesque dont le travail mystérieux peut un jour ébranler le monde, il jette un rayon lumineux jusqu'au fond des retraites inaccessibles où se tapit l'orgueil de l'homme, le comte de Maistre se place toujours sur le point élevé d'où son regard embrasse l'étendue des âges. Là, tenant en main l'étendard de la religion, il voit se dérouler la chaîne de l'histoire, depuis le premier jour où l'Être éternel environna sa créature de tout ce qui devait captiver son inconstance et sema pour elle de fleurs charmantes le chemin de la vie, jusqu'à ces temps d'horrible confusion où la voix de Dieu même fut méconnue. Entre ces deux points extrêmes de l'histoire des peuples est-il une époque où l'homme paraisse magnanime à la pensée de l'observateur? Ah! sans doute, pénétré du sentiment chrétien, le comte de

(1) Expression consacrée par le comte de Maistre et par ses commentateurs.

Maistre trouve l'homme grand alors seulement que la foi le guide dans la route des sacrifices héroïques, alors seulement que, s'oubliant lui-même, il fait retentir dans les cités, dans les campagnes, ce cri magique : Dieu le veut !

Dieu le veut ! ce cri d'enthousiasme qui fit la gloire de nos pères ! A ce cri, les rois s'élancent de leurs trônes, les châtelains quittent leurs foyers, l'Europe entière se lève; la barbarie, emportée dans le mouvement impétueux de l'héroïsme, se dépouille de sa rudesse; une pensée embrase le monde chrétien : Il faut vaincre! il faut mourir pour celui par qui la mort fut vaincue !.. et partout les guerriers s'excitent au combat, partout les mères et les femmes animant d'un regard intrépide les chevaliers valeureux, se résignent à l'isolement de leurs tourelles, se consolent par l'ardeur de la prière. Partout l'idée religieuse commande au tumulte des volontés humaines. Au nom de Dieu s'inclinent avec respect et ces têtes chargées de couronnes et ces flots de peuples divers accourant des confins du monde pour s'agenouiller devant le signe révéré du chrétien, au lieu même où, arrosé d'un sang adoré, il unit le ciel à la terre! Ah ! si, abattus, découragés par l'abandon de toute idée généreuse qui signale nos jours d'égoïsme, nous sentons notre courage défaillir, rejetons nos regards en arrière, et comprenons qu'une pensée chrétienne peut seule réveiller de leur torpeur les cœurs avilis par le panthéisme qui les jette au culte de tout succès. Si, le fer à la main, des soldats intrépides ne volent plus à la défense d'une sainte cause, il est des luttes glorieuses encore pour des âmes d'élite qui se dévouent au maintien de la foi, de la justice et de la vérité.

C'est par des triomphes que le comte de Maistre a signalé sa marche. Aucun de ses écrits peut-être ne décèle plus de justesse d'appréciation que les *Considérations sur la France*, ouvrage aussi remarquable par la vigueur du style que par la sagesse et la couleur prophétique de la pensée. C'est loin de la France, dont il n'avait pas encore foulé le sol, c'est en 1796, dans le calme d'une retraite profonde, que l'illustre écrivain lance à notre pays ce regard interrogateur qui sonde les événements, en pénètre les causes, en aperçoit les conséquences dernières.

Né sous un ciel étranger, mais resté Français par l'esprit et le cœur, il avait vu la tempête briser dans sa furie l'antique navire qui, depuis huit siècles, portait dans ses flancs vénérables la fortune de la France; il avait vu les flots irrités emporter au loin ses débris; mais à la clarté de son génie, devinant nos futures destinées, il apercevait le jour où ces mêmes flots domptés réuniraient les fragments épars dont ils avaient dispersé le majestueux ensemble.

Hélas ! en 1796, l'état de la France n'offrait qu'un sombre aspect au regard le plus pénétrant : comme en ces campagnes désolées dont l'ouragan a détruit l'espérance ; alors que les arbres courbés vers la terre, les branches fracassées, les champs devenus arides, offrent l'empreinte de l'affreux désordre qui a bouleversé la nature, notre patrie portait sur son front flétri la trace récente de ses crimes et de ses malheurs. Reine du monde civilisé par le génie de ses enfants, la sagesse de ses lois, la noble beauté de son langage, l'élégance de ses mœurs, et même par ces caprices charmants dont la grâce inimitable trouve des admirateurs jusqu'aux rives de l'Ohio, jusqu'au pied du Caucase, reine surtout par la pureté de sa foi, c'est après des siècles de grandeur que, subitement déchue, elle était devenue l'effroi, le fléau du genre humain.

Rien n'est imposant comme ces premières lignes,

magnifique expression de la haute pensée du comte de Maistre. Il montre la dépendance de l'homme, la puissance infinie du Créateur : il montre, dans ces révolutions dont il aperçoit et déplore les suites fatales, cette action mystérieuse, irrésistible, que la souveraine autorité ne cesse d'exercer sur les mouvements du monde. Dans ces phases désastreuses de l'histoire des peuples, dans cet abandon de tout principe d'ordre, dans cette confusion où flottent au hasard tous les éléments de salut, l'homme, convaincu de son impuissance, doit reconnaître la main qui seule peut guider sa marche et soutenir ses pas incertains. Inspiré par cette foi ardente et pure, lumière de sa vie, le comte de Maistre signale les époques où son génie retrouve dans la destruction violente de l'espèce humaine, l'indice de l'éternelle conception qui, en lui donnant la vie, a marqué dans l'ensemble de sa destinée, les moments précis où des crises terribles éprouveraient et raviveraient son existence.

Dans ce magnifique développement des malheurs de l'humanité, on aperçoit le germe des hautes contemplations sur l'immolation de l'innocence et la réversibilité des crimes, que plus tard le comte de Maistre revêtit de toute l'énergique beauté de son style.

S'élevant aux plus hautes considérations, l'illustre écrivain suit dans son essor le triomphe du christianisme ; il le montre rayonnant de gloire et sous les coups de ses persécuteurs et dans ces périodes de grandeur où le pouvoir suprême s'inclinait avec vénération devant l'autorité divine.

A la lecture des *Considérations sur la France*, l'esprit flotte incertain de ce qu'il doit le plus admirer, ou de cette lumière qui, dardant ses feux sur le présent, remonte vers le passé, ou de l'éclat prophétique qui illumine l'avenir. La raison et la conscience repoussent ces constitutions hâtives, dont en cinq ans la France avait déjà fait une triple et douloureuse expérience ; elles reconnaissent que les constitutions se forment et ne s'improvisent pas ; expression progressive des vœux, des besoins, des mœurs d'une nation, les siècles polissent, dans leur cours, ce principe qui n'a d'avenir que s'il est assis sur la base solide des temps déjà écoulés.

C'est dans les trésors de sagesse que renfermait l'âme du comte de Maistre qu'il puisait cette rare puissance d'observation dont nous recueillons le fruit précieux ; c'était en Suisse, au milieu des beautés d'une nature âpre ou charmante, qu'il dominait de son éloquence les orages de nos révolutions ; et comme ces savants qui d'un œil attentif observent le ciel, et de ces points élevés d'où leur regard embrasse l'étendue de l'horizon, marquent, longtemps avant l'apparition d'une comète errante, l'époque où elle brillera dans l'azur des cieux, placé à quelque distance de nos malheurs et de nos crimes, le comte de Maistre trace d'une main ferme la seule issue de la situation périlleuse que compliquaient alors tant de craintes et d'intérêts divers.

Ces hautes et consolantes vérités furent accueillies en France, et par les profonds penseurs et par les tristes victimes de nos révolutions, avec cet enthousiasme auquel se livre avidement l'espérance, alors qu'elle reste seule au milieu des ruines de l'ordre social. De Lausanne et de Bâle, la renommée franchit les barrières que, dans leur inquiète et sombre méfiance, les pouvoirs du moment avaient élevées, et ces pages, prévision d'un plus heureux avenir, n'ont point démenti le brillant succès qui salua leur apparition.

Admirable complément des *Considérations sur la France*, l'essai sur le *principe générateur des constitutions politiques* réunit et concentre de lumineux rayons épars. A leur foyer apparaît plus vivement tracée cette doctrine, que le principe d'une constitution, pour être sacré, doit participer du mystère comme tout ce qui est divin, et que les lois des peuples les plus sages cachent leurs racines dans la mythologie de leur histoire.

Le témoignage de Platon, l'autorité de saint Chrysostome invoqués par le comte de Maistre, nous montrent que les lois écrites n'ont jamais pu que constater les institutions déjà existantes. La Genèse elle-même a dit : Au commencement Dieu créa le monde ; sans que Moïse eût écrit d'abord qu'il y avait un Dieu et qu'il fallait croire en lui : le christianisme, dans sa majestueuse simplicité, trace aux apôtres le plus doux, le plus impérieux des devoirs ; *Allez et enseignez*, leur dit-il, et il ne leur confie point de *code écrit*. Ces hautes théories amènent l'illustre écrivain à examiner comment, à travers les siècles, avec le mélange des coutumes saxones, danoises, normandes ; comment, et après les leçons de l'expérience, les combats, les révoltes, les convulsions d'un peuple enfant, la verve fougeuse d'une nation dans sa jeunesse, la maturité de ses conseils, à mesure que le temps marche et modifie les rapports sociaux, s'est formé en Angleterre le plus bel équilibre politique dont l'histoire contemporaine puisse nous offrir le modèle. Son lumineux génie admirant cette constitution anglaise, fille du temps, la majesté de son ensemble, la rectitude de ses proportions, salue de son hommage une grande nation, sage, sérieuse, fidèle au principe conservateur dont elle sait maintenir la durée, animée de cet incontestable bon sens, de cet inébranlable esprit public qui, mieux que toutes les constitutions, forment des mœurs d'un peuple les mobiles de sa puissance et le sanctuaire de ses libertés !

Mais, en sa surhumaine philosophie, le comte de

Maistre n'éclaire et ne traverse les vérités politiques que pour remonter aux vérités éternelles et montrer que la main qui a formé le monde a posé aussi les fondements de tout ordre social, et que pour les sociétés le souffle religieux est aussi le souffle de vie. Oui, toutes les nations ont placé leur berceau sous l'ombre protectrice d'une religion : c'est ce divin prestige dont elles ont évoqué la puissance, cette force dont elles ont soutenu leur faiblesse, cette majesté d'une céleste origine dont elles ont voulu former la base de leur propre existence : et depuis ces Egyptiens fameux dont les tombeaux redisent encore des siècles de splendeur ; depuis les Grecs consultant leurs oracles, jusqu'aux Romains maîtres du monde et aux Barbares dont les hordes bouleversèrent leur empire, tous les peuples ont appuyé leurs lois sur l'idée tutélaire qui les environnait de respect et seule maintenait l'obéissance.

Dans l'énergique précision de son style, le comte de Maistre s'empare de l'idée de Plutarque : « l'âme est l'outil de Dieu (1), elle rappelle l'homme à sa dépendance. »

Cette fleur délicate à la tige flexible, aux ravissantes couleurs, douce et gracieuse image du printemps de la vie, la faux du moissonneur l'a impitoyablement tranchée, et l'homme impuissant ne saurait rendre à cette plante charmante la sève qui n'arrive plus à sa tête flétrie. Devant les lois de la nature, il courbe son front humilié ; un nuage à l'horizon, un frêle vermisseau déjouent ses calculs, trompent ses désirs, lui redisent son infimité ; et dans l'ordre moral, région plus élevée, il méconnaît l'impulsion divine; il porte une main hardie sur la souveraineté ;

(1) Essai sur le princ. génér. — X.

il s'arroge le droit d'en disposer au gré de son caprice; comme si ce qui commande le plus de respect, ce qui doit être avant tout vénérable et sacré, dépendait de son délire.

De l'examen de cet *Essai*, si riche de pensée en si peu de pages, se dégage une imposante vérité : deux forces se partagent, dès le commencement des siècles, l'empire de la vie ; l'une (divine) crée et conserve ; l'autre (humaine) détruit et corrompt. Dans cette lutte incessante, l'intelligence de l'homme réduite à ses facultés naturelles, tend à amener l'anéantissement de toutes choses, et si l'élément divin ne vient tempérer la force de son penchant destructeur, tout dans les objets matériels comme dans le cercle moral qui l'entoure, se précipite vers une ruine certaine. Mais l'homme devient sublime quand son action s'unit à celle du Créateur, et suivant cette belle citation d'Origène, « rien ne peut changer en mieux chez les hommes *indivinement*. » Rome payenne a succombé, quand le précepte religieux a cessé de cimenter sa puissance; le XVIIIe siècle a cherché, par ses doctrines impies, à rompre la chaîne qui s'étendait de Dieu à l'homme ; la France, après quatorze cents ans d'existence, a rappelé les siècles de barbarie, parce que son oreille coupable avait entendu sans frémir la voix de ses sophistes qui essayèrent de la séparer de Dieu!!

Après les outrages que le génie révolutionnaire, sous ses divers noms et dans les diverses phases de sa fatale puissance, avait fait subir à l'Eglise glorieuse dans la persécution avec le martyr de Valence et le confesseur de Fontainebleau (1), il appartenait au plus

(1) * « La France avait reçu la dépouille mortelle de Pie VI; elle la rendit à son successeur, martyr et prisonnier comme son prédécesseur dans cette France qui n'avait fait que changer de tyran. » (Lettres et opusc., t. II, p. 376.)

éminent des philosophes chrétiens de manifester à la face du monde ce qu'était le pouvoir du Vicaire de Jésus-Christ.

De quelle majesté son brillant pinceau colore le nom de *Pape*, cette auguste personnification du christianisme ! de quelle grandeur il l'environne ! de quel respect, de quelle soumission il entoure ce trône dont Jésus-Christ lui-même a posé la base ; roc inaccessible, battu par de longs orages, que les siècles ont salué de leur vénération, que de ridicules sophismes et de haineux efforts ont essayé d'ébranler ! Mais la parole de Dieu se joue de la malice des hommes ; elle demeure, et nous passons !

Pêcheur de la Judée ! lorsque tes heures s'écoulaient paisibles et silencieuses au bord des lacs azurés où ta pauvre mère te donna le jour : lorsque le zéphyr enflait ta voile et que ta frêle barque oscillait au souffle léger du vent du soir ; alors que tu suivais les ondes capricieuses qui tour à tour creusaient ou gonflaient le miroir où se reflétait l'horizon de ta vie ignorée ; Pierre ! du fond de ta tranquille ignorance, tu entendis la voix de l'Homme-Dieu ! Elle frappa ton oreille, elle envahit ton cœur, et tout à coup tu jetas un mélancolique et dernier regard sur ces bords chéris, témoins des jours de ton enfance ; tu suivis le sillon lumineux que laissaient les pas du Sauveur ; tu t'élanças vers un monde nouveau où t'attendaient les labeurs du zèle et la palme du martyre. Tu étais cette *pierre* miraculeuse sur laquelle Jésus-Christ établissait son église ; comme si celui dont la main avait en se jouant jeté les mondes dans l'espace, avait voulu, pour manifester sa puissance, commencer le plus majestueux édifice avec cette *pierre* modeste, isolée, inconnue, que son pied divin avait effleurée en passant !

Associant sa haute pensée aux événements qui signalèrent les premiers siècles de l'Eglise, le comte de Maistre fait reluire la papauté, ce phare que du milieu des mers, tristes jouets des tempêtes, les nations apercevaient et regardaient comme leur sauvegarde et leur espérance. Évêques de Rome, les papes portaient en eux l'empreinte du caractère auguste de successeurs de Jésus-Christ ; mais à la France, à notre glorieuse patrie, il était réservé, dit si heureusement l'illustre écrivain, de constituer humainement l'Église catholique dans le monde.

Un homme paraît ! c'est l'éclair dans la nuit des temps barbares. Il semble qu'il soit trop grand pour l'Univers : il semble que les peuples, en se courbant sous ses lois, reconnaissent en lui le reflet de la puissance divine. Il s'élance impétueux dans la carrière où il court de victoire en victoire, et des bords de l'Oder à ceux de l'Ebre et du Tibre s'établit la domination française. Supérieur en tout, Charlemagne sait comprendre qu'au chef visible de l'église il faut un asile fixe et respecté. Sur les débris de Rome païenne, son génie asseoit l'empire chrétien. Rome païenne est tombée du trône dont ses passions avaient sapé la base; après, elle se lève Rome chrétienne, reine auguste des nations qui marchent au flambeau de la vérité.

A mesure que le sujet grandit, à mesure que d'âge en âge s'ouvre à la pensée la glorieuse carrière où marchent depuis le premier pontife martyr, cette suite éclatante de chefs de l'église, la voix du comte de Maistre devient plus puissante et le retentissement de sa parole est comme un appel qu'au nom de la vérité, Dieu l'a chargé de faire entendre. Alors il ravive les souvenirs de l'histoire; il montre cette autorité tutélaire, s'entourant de ces réunions imposantes qui, dans les premiers siècles du christianisme, devenues plus fréquentes à mesure qu'il fallait trancher des questions indécises ou fixer des points incertains, découvraient l'erreur, l'extirpaient du sein de l'église, approfondissaient sans s'égarer ces doutes que des esprits orgueilleusement subtils ou opiniatrément rebelles soulevaient, pour troubler la conscience des peuples. Les temps les plus obscurs s'éclaircissent : on voit les conciles, fidèles à leur haute mission, aider leur chef à protéger l'église contre les passions déchaînées et l'universelle ignorance, et déposer leurs remontrances respectueuses aux pieds du souverain pontife. Mais jamais les papes ne cessent de dominer les conciles, voûte mystique dont ils forment la clef; jamais leur autorité souveraine n'altère l'infaillible prérogative. C'est en vain que les ennemis de l'Église, pressés du désir impie d'obscurcir par le doute la clarté de ses doctrines, se demandent où sont posées les bornes de la puissance respective entre le pape et les conciles? En vain ils feignent de sonder l'édifice pour l'ébranler ; la souveraineté doit toujours vivre ; elle réside dans le pape; sans lui, sans l'autorité de son nom, le concile lui-même n'est plus qu'un fantôme.

De cette question délicate, traitée avec une rare pénétration et une admirable lucidité, avec cette énergie et cette droiture de pensée qui entraîne la confiance, le comte de Maistre arrive à l'examen de la suprématie des papes reconnue dans tous les temps par l'universalité des évêques, ces colonnes du temple catholique. Recueillant le témoignage des puissants génies qui brillèrent à toutes les phases de l'histoire de l'église, il cite au tribunal de la vérité, nobles appuis de son éloquente assertion, l'église gallicane reconnaissant, dans une assemblée générale du clergé de

France (1626), le Pape chef visible de l'Église universelle ; Pascal proclamant le pouvoir de « la maîtresse branche (1) ; » les sentiments des protestants : Luther leur chef, déclarant que « Jésus-Christ conserve une église unique ; » Mélanchton, disant que « si les évêques n'existaient pas, il en faudrait faire, et que la monarchie des papes doit servir à unir les nations dans la même doctrine ; » Calvin, déclarant que « Dieu a placé au centre du monde un pontife unique. » Il puise enfin dans les immenses bibliothèques de l'église russe, dans ces livres, riches trésors enfouis par ses popes ; des hymnes, des crédos, où la souveraineté du pape remontant à saint Pierre, est saluée avec transport et reconnue avec respect.

De cette masse imposante de témoignages, de cette harmonie constante des siècles, de ce principe d'unité déposé en saint Pierre par celui qui commande à la nature comme aux nations, l'illustre auteur fait jaillir une conviction aussi consolante que profonde : c'est qu'une autorité paternelle, image de celle de Dieu, n'a cessé, depuis la venue de Jésus-Christ, d'exercer son influence nécessaire sur le genre humain. C'est qu'à ces époques lointaines, où le monde social n'était qu'un immense amas de décombres, alors que des peuplades à demi sauvages, torrents impétueux se précipitant sur un empire en décadence, ne laissaient pour trace de leur passage que du sang et des ruines ; dans ce travail mystérieux, dans ce long enfantement d'une civilisation nouvelle, dans cette recomposition si lente des éléments organisateurs, il fallait que les chefs des sociétés humaines pussent reconnaître au-dessus de leur puissance un arbitre dont la sage expérience fût le refuge constant du faible, la lumière du

(1) Pensées, IIe partie, art. XVII, XCII, XCIV.

fort, le rayon émané de la justice éternelle. Au milieu des rivalités des farouches fondateurs d'un ordre nouveau, un pouvoir supérieur et stable par sa nature même, tempéré par cette haute et sublime vertu, la charité, dont la religion chrétienne a seule révélé le secret, inspiré par ces mots du divin Maître aux apôtres : « Je vous laisse ma paix ; » un pouvoir, empreint de cette fermeté que rien ne peut fléchir, de cette persuasion dont rien ne saurait aigrir le doux et attrayant langage, devait constituer le centre universel destiné à ramener à lui, dans la confusion générale, la confiance, la soumission, la reconnaissance de tous.

Dans cette glorification de la papauté, poursuivant sa marche victorieuse, le champion de la foi fait écrouler sur les ennemis du christianisme les objections contradictoires qu'entassaient l'orgueil et la haine ; et Hobbes réfute Hobbes, comme Voltaire dément Voltaire. Aucune attaque n'est éludée ; il jette en se jouant la lumière sur ces siècles ténébreux, où la voix des peuples et des rois, exerçant ou subissant tour à tour la violence, invoquaient, comme sauveur et comme arbitre, le pouvoir dont les racines et le faîte sont hors des limites du temps. Cette puissance, qu'il appuie de l'hommage de Leibnitz, vient, de nos jours, d'être reconnue par un homme éminent, également remarquable comme orateur, comme publiciste et comme écrivain (1).

Si, dans l'étude sur le Pape et les *libertés de l'Eglise gallicane*, qui en sont l'appendice, nous trouvons quelques attaques même contre le géant de l'Eglise catholique, Bossuet, dont la sublime parole retentit encore, épouvante de l'hérésie, et rallie aux pieds du vicaire de J. C. tous ceux qu'a rachetés le sang

(1) M. Guizot, que réclame toute légitime vérité.

divin; ce n'est point que le comte de Maistre ne vénérât avec enthousiasme cette armée de prélats et de pasteurs de l'église de France que, de nos jours, la Providence avait soustraits au martyre, pour que, dispersés sur la face de l'Europe édifiée de leur vertu, ils propageassent ces magnifiques paroles de notre immortel évêque : « O sainte Eglise, mère des églises » et mère de tous les fidèles ! Eglise choisie de Dieu » pour unir ses enfants,..... je tiens toujours à toi par » le fond de mes entrailles (1). »

Mais, arrêtant son attention sur quelques épisodes des orages dont il fut le contemporain, l'austère défenseur de la papauté y trouvait souvent que, si, comme a dit Bossuet, « toute erreur s'appuie d'une vérité dont elle abuse, » elle invoque un nom qu'elle compromet. Il voyait les fauteurs de la constitution civile du clergé et les timides courtisans qui délaissèrent Pie VII dans sa captivité, balbutier le nom de Bossuet et de libertés gallicanes, dans l'élan de leur révolte et la prostration de leur asservissement.

A ceux que blesseraient la vivacité des censures de l'illustre écrivain, qu'il nous suffise de rappeler que, hors des controverses sur ce qui n'est plus aujourd'hui qu'une question d'école historique, pour lui l'Eglise gallicane est « un foyer de la grande ellipse et l'hon» neur du sacerdoce catholique (2), » et Bossuet « la » gloire de la France, de l'Eglise et du genre hu» main (3), » pour nous, il n'y a plus d'Alpes, depuis qu'aux jours de persécution on a vu dans les mêmes cachots, confesseurs de la même vérité, les Pacca et les d'Astros !

---

(1) Bossuet, sur l'unité de l'Eglise.
(2) Lettre au comte de Marcellus, opusc. I.
(3) Réflex. crit. sur l'ouvrage de *Méthode*, archevêque de Twer, opusc. II.

L'esprit se laisse facilement entraîner à quitter l'ordre des événements dans la carrière du comte de Maistre, pour suivre celui des brillants écrits enfantés par la noble impulsion qui se révèle dans les premières effusions de sa haute sagesse, et dans ces ouvrages que le monde religieux et monarchique ne connut et n'applaudit qu'en apportant ses regrets sur une tombe. Les *Considérations sur la France*, l'habileté, le dévouement avec lesquels M. de Maistre avait servi, en Suisse, en Italie et en Sardaigne, son roi malheureux, révélèrent à ce prince l'homme éminent, le sage et précieux ministre que la Providence donnait à son infortune. La retraite de Souwaroff, les événements d'une guerre désastreuse, avaient arraché à la noble maison de Savoie sa couronne continentale. C'était vers la Russie qu'elle tournait toutes ses espérances; il importait que la cause de l'indépendance européenne eût pour interprète un homme dont le grand caractère et les salutaires doctrines pussent assurer au continent ébranlé l'appui du chevaleresque petit-fils de la grande Catherine. Chargé par son souverain de cette importante mission, le comte de Maistre sait conserver au chef d'un royaume morcelé les sympathies du dominateur de la moitié de l'Europe. Il montre, pendant ses quatorze années de séjour à la cour de Russie, une dignité pleine de délicatesse, une habileté diplomatique qui n'est ni incisive ni astucieuse, une franchise qui n'est point cet abandon réservé aux seuls amis, une courtoisie noble et gracieuse qui rehausse l'éclat de son rang.

C'est pendant le cours de ce long exil, à six cents lieues de sa famille et de sa patrie, que le comte de Maistre se livre aux plus hautes contemplations, et développe, sous le nom charmant de *Soirées*, ses sublimes méditations. Elles nous restent ces *Soirées de*

Saint-Pétersbourg (1) comme un majestueux monument de la pensée humaine, lorsque, libre en son essor, elle s'élance à travers l'histoire du monde jusqu'aux régions mystérieuses de l'éternel avenir.

Quelle grâce dans ces premiers *entretiens !* quel doux et moelleux abandon ! On sent glisser sur les limpides ondes de la majestueuse Néva la barque légère que viennent caresser les rayons d'une lune argentée : l'esprit se plonge dans un océan de calme; l'air est immobile; tout se tait dans ces rapides moments d'une belle nature, dont bientôt d'âpres frimas viennent troubler la sérénité; tout est grand, solennel, imposant, mais tout est paisible, simple, harmonieux. A mesure que l'impulsion est donnée, que l'on entend murmurer le doux clapottement de l'onde, les yeux des étrangers voyageurs voient apparaître puis s'effacer dans l'ombre les statues et les palais, les monuments splendides et les balcons spacieux : tableau enchanteur que domine l'imposante figure de celui dont le regard semble scruter les siècles, et la main commander encore à cet empire auquel il a soufflé la vie. Ah ! pourquoi le juste, peintre gracieux, retrace-t-il avec une vérité charmante la tranquillité de ces nuits? C'est que son âme, limpide miroir où se reflète la nature, est comme elle paisible et sereine; son cœur ignore ou domine les passions tumultueuses qui troublent notre existence : à mesure qu'il s'avance en suivant le cours des flots orageux de la vie, il apprend à élever sa pensée là où réside sa dernière espérance. Pour le juste chrétien, soit que les empires s'écroulent, soit qu'ils demeurent; soit que la fortune lui apporte ses faveurs, ou la misère ses anxiétés douloureuses; soit qu'il vive en spectacle au monde, ou que l'obscurité voile sa

(1) Soirées.

vertu; soit qu'il savoure les douceurs de la famille, ou qu'il subisse la rigueur d'un amer isolement : c'est vers une autre vie, vers les régions de l'infini qu'il marche ferme, résigné, confiant, et tout se tait sur son passage; tout se calme à son approche, et l'on se dit : Voici l'homme qui a triomphé de lui-même, qui porte en lui l'empreinte des leçons divines dont le Sauveur nous a légué le bienfait !

Avec quel intérêt l'oreille attentive écoute les paroles que l'aimable philosophe prête à ces voyageurs réunis sous le ciel de la Russie ! Dans ces entretiens, surtout, se révèlent la puissance de la foi, la pureté de la morale, et s'expliquent ces questions de haute et saine philosophie, qu'avec une précision admirable sa pénétration a sondées. Là, se déroulent des tableaux dont les vives couleurs saisissent le regard, dont les scènes touchantes captivent l'attention. Si l'homme, prêt à murmurer contre son sort, écoute un moment la voix qui ose accuser la Providence, qu'il frappe à cette porte, qu'une douce hospitalité ne tardera pas à lui ouvrir : que, sur ce balcon, au bord de la Néva, il écoute, il suive dans leur cours ces idées justes, élevées, dont la clarté va briller à ses yeux ; le cœur plus calme, l'esprit plus docile, il reprendra la chaîne de la vie.

Il verra le *gouvernement temporel de la Providence*, ses décrets mystérieux, les détours invisibles qui amènent à des catastrophes effrayantes ou à des biens inespérés ; il verra la justice qui souvent se voile à nos sens, mais qui ne cesse de peser sur l'ensemble du vaste univers, cette dispensation des biens et des maux dont Dieu dans sa sagesse est le juge suprême. Tout, d'abord, deviendra pour lui un sujet d'étonnement ; mais à mesure que les magnifiques desseins de l'Etre infini se laissent entrevoir ; à mesure que l'intelligence, dégagée des passions qui la ternissent, reconnaît dans la chute des empires, dans le choc des événements, dans la punition infligée aux coupables, dans le soutien accordé à la vertu, l'autorité tutélaire qui régit le monde; elle admire cet ordre éternel, cette beauté d'ensemble que l'observateur superficiel ne saurait voir; car trop souvent il n'aperçoit que l'individu là où la masse imposante devrait frapper son regard.

Qu'il est doux de s'asseoir à ce brillant foyer! de s'associer à ces nobles entretiens! Cette haute pensée à laquelle le comte de Maistre a dévoué sa vie, la manifestation de la Providence non-seulement dans le châtiment des coupables, mais aussi dans les épreuves du juste, il la soutient de toute l'énergie de son éloquente parole; franchissant les obstacles, dédaignant les oppositions, abattant, renversant les opinions qui, en vain, se dressent sur sa route, il poursuit à pas de géant sa marche victorieuse. Bientôt apparaissent ces lignes magnifiques que décrit le génie du grand écrivain; bientôt, s'élevant sous son inspiration, la pensée revient à travers les siècles écoulés, remonte à l'origine des langues, à cette parole innée, nom que Dieu lui-même s'est donné; à la racine de nos maux, à cette fatale dégradation de la race humaine reconnue par Hippocrate et Platon. Ici le flambeau de la vérité éclaire le combat intime entre deux volontés, qui trouble la destinée de l'homme; ces deux volontés s'acharnent à se disputer la possession de son âme, la liberté de ses mouvements. L'homme *voudrait* vouloir; s'il cède, l'insensé appelle sa lâcheté bonheur; déplorable abaissement! Emporté vers de lointains rivages par la violence des flots, l'homme lutte toujours. Il lutterait en vain si Dieu n'écoutait les accents plaintifs de sa *prière*, et pourtant incompréhensible mystère devant lequel le chrétien humilie son intelligence, le sage hésite, le philosophe s'égare, l'homme *peut* vouloir ; quelque impétueuses que soient les passions de son cœur, malgré la fragilité de sa nature, l'inconstance de ses résolutions, la bizarrerie de ses caprices, les égarements de son imagination ; il y a en lui une majesté qui commande, une fermeté qui arrête, une voix sévère qui défend, une conscience qui lui crie : marche ! que l'homme l'écoute, alors seulement il est heureux ! et de victoire en victoire il s'élance triomphant vers l'immortalité.

En suivant le cours de ces entretiens, on voit se développer une grande et touchante pensée. Quel est ce doux empire qui s'est emparé de l'homme dès son berceau ? quelle est cette autorité souveraine dont le charme a régné dès ses premiers ans ? quelle voix s'est fait entendre à son oreille en pénétrant jusqu'à son cœur ? O homme, si souvent follement égaré dans les voies de la vie, n'as-tu pas possédé ce riche trésor, *une mère ?* Quand les larmes, ces premiers signes de faiblesse et de douleur, roulaient sur tes joues enfantines et baignaient ton frais visage, ta mère était là pour les comprendre, pour en essuyer la trace ; sa main légère soutenait tes pas incertains, son gracieux sourire reflétait tes premières joies ; dans le silence des nuits, dans le mouvement des jours, sa vie s'unissait à ta vie ; ce n'était pas seulement la vie matérielle qui se développait alors, quelque chose de plus grand, de plus important naissait et croissait avec toi ; sous l'inspiration maternelle, tu apprenais à connaître le Dieu de l'univers ; tes lèvres essayaient d'articuler son nom ; tu l'aimais enfant, dans ta simple et heureuse innocence. Bientôt on t'enseigna ses lois : combien douces et faciles elles parurent à ton obéissance ! Chaque printemps déposait sur ton jeune front un germe de bonheur, une leçon de sagesse; souvent des plus tendres caresses naissait un conseil salutaire, une pensée forte des plus doux épanchements. Inquiète en sa constante sollicitude, ardente en son incessant dévouement, craignant et prévoyant l'avenir, ta mère plaçait des gardes vigilants autour de ton cœur. L'homme d'état, le guerrier, se forment par l'expérience et les années ; le chrétien, l'homme moral, reçoit dès son enfance le sceau qui s'imprime à jamais. Ah ! plus d'une fois, au milieu du délire du monde, alors que cédant au torrent, l'homme cessait d'écouter la raison, l'image de sa mère a paru à ses yeux ; ses leçons se sont ravivées dans son souvenir ; fascinant prestige, le songe s'est évanoui, et la sagesse a retrouvé son empire !

C'est ainsi que les graves devoirs et les douces affections de la famille entourent, au début de sa carrière, la créature intelligente qui, sous l'œil de Dieu, au souffle vivifiant de la bonté maternelle, s'arme et se prépare au combat. Quel sera, dès l'aurore de la vie, son secours, son moyen d'action ? Quel sera-t-il, si la *prière*, cette *respiration de l'âme* (1), ne lui est donnée pour détourner les malheurs qui planent sur sa destinée ? En suivant cette consolante idée, l'illustre écrivain arrive à tout ce que l'observation la plus profonde peut créer de saisissante beauté. « Enlevez la prière à l'homme, nous dit sa voix émue, et vous desséchez en lui jusqu'aux racines de la foi. » Rendons hommage à son appel en suivant ses inspirations.

Quoi ! des nuages sombres s'amoncelleront au-dessus de nos campagnes : on entendra dans le lointain le sourd roulement du tonnerre ; le laboureur tremblera

---

(1) Soir. de St-P., 4e entretien, p. 245.

pour sa moisson, pour cette famille dont ses rudes travaux soutiennent l'existence: à un silence solennel, présage de dévastation, succédera l'horrible fracas des vents déchaînés; la nature frissonnera de terreur; des flancs noircis de la nue tomberont pressées, impitoyables, ces balles meurtrières et glacées au bruit sinistre, au sifflement aigu et douloureux; et ce peuple consterné qui va peut-être voir disparaître en quelques secondes le fruit de ses sueurs, l'avenir de sa vie d'une année, n'accourra pas vers l'église où la cloche l'appelle à sons précipités? Quoi! il n'implorera pas celui qui commande aux vents et à la mer, le Dieu de son enfance, le Roi de la nature?

Qui mieux que celui qui, dès le matin de la vie, connut ses revers et ses tristesses; qui, magnanime en face de l'adversité, et cependant attendri par les douleurs d'un long isolement, pouvait, dans son harmonieux langage, moduler à notre oreille le doux nom de *prière*, nous apprendre son irrésistible puissance, nous élever jusqu'à comprendre et la nature et le pouvoir de ce secours divin?

Reconnaissant que les maux physiques ne sont que des châtiments, le philosophe chrétien se joue des difficultés qu'élèvent l'orgueil et la fausse science de l'homme. Dans la foi à l'invariabilité des lois de la nature, il montre le courant qui mènerait au fatalisme. Tout en admirant l'étonnante fixité des lois qui régissent le monde, il nous enseigne qu'il est dans l'ordre de ces lois une partie flexible dont l'Être infini a assoupli les ressorts suivant nos mérites et nos vœux. Ah! la prière sublime enseignée par Jésus-Christ même, ne demande-t-elle pas le pain de chaque jour?

Qui pourrait expliquer l'organisation mystérieuse dont tant de détails échappent à nos sens? L'homme s'étonne et murmure, parce qu'il ignore où Dieu le mène. Cependant le mécanisme divin marche; chaque créature correspond à son mouvement, entourée, pressée de circonstances qu'elle touche et qu'elle ne saisit pas. A mesure qu'avec cet aimable guide on conçoit, avec lui on se soumet, on s'immole : l'imagination secoue la poussière dont, en rasant la terre, elle avait terni ses ailes; elle vole vers des sphères qui la rapprochent des demeures célestes. L'esprit, tourmenté de noires inquiétudes, cesse de s'agiter dans le vide; Dieu l'environne de sa lumière, le remplit de la majesté de son nom; frappé de la trace que le Créateur a laissée dans l'univers, ébloui par la beauté des proportions, par la magnificence de l'ensemble, il cesse de douter, il cesse de souffrir.

C'est aux épanchements intimes de l'amitié que l'illustre auteur des *Soirées de Saint-Pétersbourg* semble donner la mission d'éclairer le monde; ce n'est point le front soucieux, la démarche lente, le visage austère, le regard sombre, la parole brève et saccadée, qu'il vient à nous pour prouver victorieusement, par ce qu'il nomme le *nombre* (1), l'intelligence qui a formé et vivifié le monde; les rapports secrets entre les objets créés, quelles que soient les proportions de leur existence et les fins du Créateur visibles dans l'ensemble de ce *nombre ordonné*, qui le révèlent à l'homme : non, c'est avec un fin sourire que le savant, que le penseur plonge au fond des abîmes de la métaphysique pour en tirer les démonstrations lumineuses qui poursuivent jusqu'en ses repaires la sombre incrédulité; c'est sous le voile gracieux d'une spirituelle causerie; c'est en touchant avec délicatesse les ressorts qui font jaillir d'aimables saillies; c'est en laissant

(1) Huitième entretien.

errer dans leur cours ses pensées fugitives, qui, après avoir charmé par leur simplicité, tout à coup s'élèvent, se revêtent de la magie du style, et dans leur rapide essor, atteignant les conceptions les plus hardies, d'un vol audacieux montent dans l'immensité.

Mais voici bientôt que ce brillant génie recherche le caractère surhumain de la guerre, instrument du courroux céleste, fléau mystérieux qui dévore le monde. Sa voix semble nous faire entendre cette *dernière raison* des rois qui annonce à l'Univers la destruction de l'homme par l'homme. Elle nous explique qu'il est entré dans les vues du Créateur que la violence détruise tout ce qui a vie sur la terre. Avec cette justesse d'appréciation et cette verve originale qui le distinguent, le comte de Maistre suit le fil de l'observation curieuse auquel il livre l'élan de sa pensée : alors il fait voir comment chaque être à son tour succombe sous une force supérieure, irrésistible en sa puissance ; comment tout dans le règne animal gémit sous cette impérieuse loi ; comment le souverain de la nature, l'homme, l'exerce et la subit. Si le génie des combats plane sur les états et sur les peuples, inspire leurs mutuelles haines et les précipite dans la triste arène où se balanceront les hasards de leur destinée, c'est qu'il est un moment marqué par les décrets divins où pour un temps la paix doit disparaître. Ah! si jamais la dépendance de l'homme a été signalée, c'est dans les phases incertaines de la guerre et dans ces révolutions subites qui bouleversent les empires ; alors que, le sens moral éteint, la force matérielle déplacée déjoue toutes les combinaisons de la sagesse humaine.

A l'ardente imagination du sage inspiré se peignait sans doute celui dont la voix commandait naguères à des millions d'hommes; cet être étonnant dont le génie domina le monde, ce conquérant dont la volonté brisait tous les obstacles, triomphait de tous les efforts ; ce guerrier qui ne connaissait que la victoire, le voilà, dans un instant prévu de toute éternité, à la tête d'une brillante et valeureuse armée ; il ignore les revers, il croit marcher, marcher toujours, et pourtant il se trouble, il flotte irrésolu. Il commande, puis se repent, commande encore, et s'arrête incertain : inquiet, il s'agite, il appelle, il blâme, il presse, il retient, il ne dit plus ce mot de la victoire : En avant ! Non, un pouvoir plus fort que son pouvoir l'enchaîne ; un génie plus fort que son génie l'aveugle. Cependant le temps marche ; des masses d'hommes tombent pour sa querelle. En vain le sang coule ; en vain les chefs s'élancent, entraînant leur suite fidèle ; en vain cette garde sublime de sang froid, d'énergie, de constance, vient de s'immortaliser par une incomparable résistance. L'âme de cet immense combat n'est plus !

Dieu lui a dit : C'est assez ! Réduite aux proportions de l'humanité, elle reprend la faiblesse, les hésitations de sa nature, elle ne croit plus à elle-même, elle disparaît ! car l'heure suprême où elle devait cesser d'être est arrivée ! !

Le génie hospitalier qui nous a admis au bienfait de *ces Soirées*, à travers les aperçus les plus variés, nous élève toujours vers une pensée dominante, maintes fois signalée par des éclairs, ses brillants précurseurs. Cette pensée éclate avec une admirable énergie dans l'*Eclaircissement sur les sacrifices*, et comme le tonnerre roulant au sein des montagnes fait retentir à la fois les échos de vingt vallées diverses, elle proclame par toutes les voies de l'intelligence la plus imposante vérité.

Au moment marqué dans ses propres conseils, Dieu

produit par la seule expression intérieure de sa volonté, tous les êtres tant incorporels que matériels. Celui qu'il donne pour maître à la terre, il le forme à son image; mais le crime vient souiller cette image, et l'homme est dégradé. Il faut une expiation au crime, une réparation à la majesté divine outragée. Pour sauver l'homme, il faut un médiateur divin; le rédempteur est promis, et, après quarante siècles, il est donné! Alors la lutte s'engage entre les deux essences qui composent l'homme, entre son intelligence et sa nature corrompue. Une fraction imperceptible du genre humain conserve la première tradition de justice et d'obéissance au Maître de l'univers; le reste roule de chute en chute jusqu'au fangeux abîme où il se débat encore, avili sans être anéanti. Cependant, cette humanité, sortie radieuse des mains du Créateur, a gardé quelque trace fugitive de sa grandeur première, de l'Être divin qui de son souffle lui donna la vie. Le paganisme, né du conflit des passions de l'homme, a défiguré, non effacé l'empreinte de l'éternelle vérité; et, depuis les premiers siècles du monde, depuis ces temps où chantait Homère, depuis les splendeurs et le déclin de Rome antique, le sang fut répandu sur des autels expiatoires en hommage à la divinité; comme si dans une magnifique harmonie tous les peuples dispersés sur la surface de la terre eussent confessé le crime et consenti l'expiation; comme si le Druide en ses forêts ténébreuses, l'enfant de la molle Ionie sous son ciel embaumé, le Grec aux mœurs élégantes, l'Africain au fond de ses brûlants déserts, le Chinois retranché du commerce du monde, l'indolent Indou et ces peuplades américaines au bord de leurs fleuves inconnus, eussent par un incroyable et religieux accord proclamé la vertu du sacrifice. Pourquoi ces animaux utiles assouplis au joug de l'homme arrosent-ils de leur sang ces autels que le caprice élève ou renverse à son gré? Là ne s'arrête point la barbarie de l'homme ; poussé par un mystérieux instinct, il lui faut des victimes humaines; des captifs sont égorgés sur des tombeaux : des mères livrent à Moloch l'enfant que leur cruel amour laisse, sans pâlir, expirer sous leurs yeux. Athènes, Carthage, la Gaule immolent leurs victimes. Le sang inonde, sans le purifier, ce monde ancien si fameux; il ruissellera de toutes parts, et la terre abreuvée ne criera point! Non, la terre n'élèvera point sa voix, mais le ciel laissera tomber sur elle sa douce et féconde rosée. Dans une humble ville, au fond de la Judée, naîtra le Rédempteur, et des flots d'une lumière éclatante chasseront au loin les ténèbres du paganisme. Paraissez, Soleil du monde, Sauveur du genre humain; que votre nom embrase l'Univers; que par vous se montre la vérité souveraine, que par vous l'homme racheté retrouve sa grandeur première! Trente-trois ans s'écoulent, et sur le Calvaire se dresse l'arbre sacré où la victime s'offre enfin pour le salut de l'humanité! Sur l'autel du Dieu vivant le même sacrifice va s'offrir jusqu'à la consommation des siècles. Le Christ s'est donné lui-même à l'homme. Il lui a légué son corps et son sang dans un testament divin. Il lui a dit : « Je » vivrai en toi. » Il lui a dit : « Tu seras le sacrifica- » teur, je serai la victime. » Pour maintenir la vérité de cette parole auguste, le chrétien s'élance au martyre; pour l'accomplir, le prêtre renonce aux joies de la famille. A mesure que les siècles ont suivi leur cours, partout où la pure lumière du christianisme a brillé, les sacrifices ont cessé, la civilisation a fleuri, les mœurs se sont ennoblies, les caractères se sont élevés, l'ignorance a fui, la majesté de l'homme s'est révélée.

Cette faible esquisse pourra-t-elle indiquer les pages nombreuses, étincelantes de beauté, dans lesquelles le comte de Maistre épanche l'âme ardente que la foi, dès l'enfance, illumina de son céleste flambeau? Le magnifique tableau de la rédemption termine là le cours de ses hautes pensées. Après avoir peint la puissance, la bonté, la justice divines, la dégradation de l'homme, le mérite de la prière, pour proclamer l'existence de l'Eternel, il s'environne du cortége imposant des philosophes de tous les temps; il montre la trace frayée vers la connaissance d'un Dieu par Platon, Plutarque, Pline, Sénèque, par tous les hommes célèbres dont la renommée a publié au loin l'éminente sagesse; et s'appuyant d'une part sur l'histoire de tous les peuples, de l'autre sur la tradition et les prophéties sacrées, il déroule au regard la chaîne du temps et la majestueuse unité de la foi.

Qui pourrait, sans émotion, suivre dans son travail le religieux écrivain, alors que, dans ces années de tristesse, de résignation et d'espérance, il paraphrasait le traité de Plutarque *sur les délais de la justice divine dans la punition des coupables* (1), et entendait retentir au loin la muse vengeresse de Claudien (2). C'est en vain que des siècles séparent le philosophe de Chéronée et le philosophe de Chambéry; le chrétien n'a fait que rencontrer et s'assimiler une pensée montée au trône de Dieu seize cents ans avant la sienne.

Aucune gloire n'impose au fidèle défenseur de la vérité; il repousse toute usurpation, même dans le domaine de la pensée, et, comme on voyait dans les joutes guerrières du moyen âge, le meilleur che-

---

(1) Sur les dél. de la just. divin. — 1816.

(2) *Abstulit hunc tandem Rufini pœna tumultum*
Absolvitque Deos...

valier aller férir du bout de sa lance l'écu le plus renommé par ses victoires, le comte de Maistre combat le prestige qui s'attachait au nom de Bacon. Il presse sous les coups victorieux de l'analyse cet esprit plein de négations, et dépouille de tout empire sur l'opinion celui qui ne sut pas même être de la sienne (1). Il remonte à ce père de toutes les erreurs (2), en l'accablant sous la déplorable généalogie où s'inscrivent les noms de Chénier, Cabanis, Lancelin, Condillac, Locke et Hobbes (3).

Ainsi que Fontenelle descend des hauteurs transcendantes du calcul pour expliquer *les Mondes*, l'aimable auteur des *Soirées de St-Pétersbourg*, pour faciliter à tous les esprits, l'*Examen de la philosophie de Bacon*, aplanit les difficultés qui hérissent les abords de cette science. Une lettre au comte de Noailles (4) nous révèle qu'une femme également remarquable par la hauteur de ses vertus, l'étendue de son esprit, était en quelque sorte l'Égérie de son religieux travail : « Mme de S. (5), dit-il, a voulu assister au combat et » juger les coups; elle me récompense amplement des » efforts que j'ai faits pour rendre les hauts lieux de la » philosophie accessibles même à des pieds habillés de » soie. » Il leur fraye un passage à travers les âpres et ténébreux sentiers de l'induction et du syllogisme. Dans cette joute, faisant appel à tous les âges, il prend pour ses seconds Pythagore, Platon et Cicéron, Boyle, Descartes et Mallebranche. Sa parole austère et élevée quand il traite de Dieu, de l'âme, des causes finales,

---

(1) Ex. de la phil. de Bacon, 2 vol., p. 326.

(2) *Ibid.*, 234.

(3) *Ibid.*, 337.

(4) Lettres et opusc., vol. 1er, p. 280.

(5) Mme de Swetchine.

devient finement railleuse et enjouée quand il traduit et commente les excentricités de la cosmogonie et de la physique de l'orgueilleux chancelier.

En appelant une femme à assister au combat où il fait triompher l'union de la religion et de la science, une sainte et noble courtoisie amène le chevaleresque défenseur de la vérité à tracer en peu de mots l'image charmante de la femme chrétienne. Bientôt sa pensée grandit et se couronne en élevant nos regards aux pieds de l'immortelle glorification de la femme que le ciel et la terre bénissent, en chantant avec amour le doux nom de Marie!

La hauteur des sphères où s'est élevé le génie du comte de Maistre, l'importante gravité des questions qu'il a traitées avec autant de verve que de profondeur, le courage avec lequel il a brisé de fastueuses idoles au milieu de la tourbe fanatique de leurs adorateurs, devaient exciter contre lui les clameurs d'une plèbe irréligieuse et révolutionnaire. Les injures de ceux qui l'avaient trop bien compris, appuyés par ceux qui ne le comprenaient pas du tout, le représentaient à l'envi comme l'apôtre de l'absolutisme et le panégyriste du bourreau. On opposait, comme contraste à ses prétendues rigueurs, les compositions gracieuses du comte Xavier son frère, et bien des lecteurs, charmés des mélancoliques tableaux du *Lépreux de la cité d'Aoste*, de la *Jeune Sybérienne*, s'arrêtaient et frémissaient sur parole au nom de l'austère philosophe chrétien. Mais voici que de par-delà la tombe, il nous invite plus intimément encore que son frère, non à un voyage autour de sa chambre, mais à pénétrer dans les plus intimes replis de son cœur (1).

(1) Lettres et opuscules, publiés par le comte Rodolphe de Maistre en 1851.

Les lettres portent en elles l'empreinte de notre inconstante nature; elles redisent ces mille nuances de crainte ou d'espérance, de joie ou de tristesse dont le flot de chaque jour amène ou emporte la douce illusion ou la cruelle amertume; c'est notre existence qui tombe goutte à goutte dans le gouffre du temps; c'est notre voix qui module chaque ton de cette harmonie de l'âme qui nous accompagne de la naissance au tombeau; riens aimables, fils légers qui se lient, s'enchaînent et forment le tissu délicat qui enveloppe tous les mouvements de la vie! Comme il est doux de devenir l'ami du comte de Maistre, après avoir été son admirateur! Cependant le ton élevé de celui qui a *considéré* la France, et surtout la teinte prophétique de sa pensée, se retrouvent sans cesse mêlés à l'aimable abandon d'un confiant entretien. Avant de livrer à toutes les intelligences le fruit de ses longues méditations, il se laissait deviner par quelques hommes éminents, dignes de mériter et de justifier la confiance et l'amitié.

Dès l'année 1802, on assiste à ce drame intime qui se renouvelle au fond de l'âme, quand des secousses terribles ébranlent la terre sur laquelle s'impriment nos pas. Alors commencent ces épanchements d'un cœur affligé, ces jugements d'un esprit éminemment juste, qu'anime tout le charme d'un style piquant, chaleureux, original; mélange inimitable du gracieux abandon du causeur et des réflexions profondes de l'homme politique.

* Tandis que l'Europe, atterrée par cette puissance prodigieuse qui menace les peuples et les rois, tremble pour la consommation de sa ruine dans l'envahissement de ses libertés, le comte de Maistre sonde les profondeurs de l'avenir; il prononce le mot *espérance;* il décrit le cercle que le génie destructeur doit par-

courir; il pressent sa chute; il prévoit le bonheur de cette France que son cœur appelle comme nous du doux nom de *patrie*. Jamais les ombres de l'incertitude ne lui dérobent le dénouement, sujet de ses pensées, objet de ses vœux, terme de nos châtiments. Mais pourtant l'homme est homme; dans cet étroit abandon de l'amitié, en apercevant le but, ses yeux n'en voient pas moins l'incommensurable distance qui se déploie et prolonge le temps sévère des sacrifices.

Une teinte de mélancolie se répand sur sa correspondance. Il ne se plaint pas de sa destinée; son noble caractère subit les maux qu'elle amène, et sa résignation en supporte avec un mâle courage les cruelles atteintes. Chacune de ses amicales confidences nous révèle en traits touchants les charmes de ce caractère, cet esprit de famille, ce tendre et constant regret qui l'isole au milieu de l'entraînement des fugitifs plaisirs, sans le priver des hautes relations sociales qu'il se plaît à cultiver. Mériter l'estime, l'affection d'Alexandre, se créer rapidement des droits à l'admiration d'une société choisie qui partout rend ses oracles et souvent repousse une voix étrangère; c'était une tâche facile pour un homme supérieur, dont les hautes vertus, les qualités éminentes devaient fixer l'attention. Parfois son génie contemplatif cherche la solitude et se retranche dans le silence, suspendant pour quelques instants du jour les bruits du monde et le mouvement incessant des affaires; là, dans un cabinet silencieux, il s'adresse tour à tour à sa fille qu'il ne connaît pas encore, à ses compatriotes, à ses compagnons d'infortune, à ses amis dans de lointains climats; tantôt il juge les événements politiques qui se pressent devant lui, avec une élévation de raison qui le met au-dessus de presque tous les hommes d'Etat de sa turbulente époque;

tantôt il peint avec une grâce charmante les mœurs du pays qu'il habite; des traits spirituels jaillissent de sa pensée; tantôt son cœur se plonge dans l'amertume d'une profonde tristesse. Il faut au penseur, au philosophe, les joies de la famille pour rafraîchir son esprit, les douceurs de l'intimité pour reposer l'essor de son intelligence. « A six cents lieues de distance, » les idées de famille, les souvenirs de l'enfance le » ravissent de tristesse (1). »

Toujours impassible en sa droiture, malgré le bruit étourdissant des conquêtes, il ne regarde ce bouleversement universel que comme le prélude d'une paix dont l'antique maison de France est à ses yeux le gage unique, la garantie certaine. Mais les années pèsent déjà sur son front; déjà la fin de sa carrière ne se voile plus à ses yeux; alors son regard s'assombrit, son cœur se serre sous l'étreinte de la douleur. Il trace en frémissant cette profonde pensée : « Les minutes des empires sont des années de l'homme; » et son cœur se glace quand il écrit : « La postérité dira peut-être : Cet ouragan ne dura que trente ans (2). »

Si les coups de la fortune avaient restreint l'importance politique du ministre de Sardaigne à la cour des Czars, la hauteur de son génie, la dignité de ses vertus le rendaient, en sa modeste existence, le glorieux représentant des principes, appui des monarques et des sociétés. Les hommes les plus éminents venaient puiser au trésor de sa profonde et religieuse sagesse. On demandait un conseil, et il rendait un oracle. Pressé par les instances du comte Razoumovski, ministre de l'instruction publique, qui sollicitait le concours de sa salutaire expérience, il répond par un remar-

(1) M. de Maistre.

(2) Lettres et opusc. t. Ier, pag. 67.

quable mémoire, où, franchissant les limites de son siècle et d'un vaste empire, il éclaire son noble ami du flambeau de l'universelle vérité, contre les dogmes et contre les sociétés occultes qui, par les mots trompeurs d'indépendance et de libre examen, fascinent les peuples et menacent les trônes; il appelle hardiment le secours d'une société amie, protectrice et soutien de l'homme par les liens d'une obéissance qui le rattache au trône de Dieu. Elève de cette grande Société de Jésus, sortie tout armée du cœur de l'église au seizième siècle, pour défendre le monde catholique contre l'invasion des socialistes de la pensée, il la montre dans son apostolat d'éducation, appuyée sur les suffrages de Bacon, de Grotius, de Richelieu, de Frédéric II, de la grande Catherine et de Dumourier.

Il y eut un jour enfin dans la vie du comte de Maistre, où les purs rayons de la joie dissipèrent les nuages amoncelés par une longue tristesse; ce jour fut celui où le chef de l'Eglise, rentré triomphant dans la ville éternelle, les monarchies restaurées sur leurs antiques bases, les nations de nouveau unies dans une commune pensée de paix et de bonheur, semblèrent dans un majestueux concert proclamer la vérité de ses doctrines et saluer l'illustre philosophe qui les avait soutenues de son espérance. Bientôt aussi, la douce joie du père vint accroître celle du royaliste et du chrétien. Un éclair de bonheur illumine ce cœur chaleureux que les tristesses d'une lointaine séparation avaient si longtemps abreuvé d'une secrète amertume; sa famille se réunit à lui. Les obstacles respectés par sa raison malgré le cri de la tendresse, s'aplanissent enfin; il retrouve à vingt ans la fille chérie dont les révolutions l'avaient violemment séparé. Le comte de Maistre est remonté à l'origine des constitutions; partout où sa voix s'est fait entendre, on a reconnu le génie de l'homme inspiré par l'esprit de Dieu; et c'est lui qui, modulant les accents de cette même voix, change en douceur son austère sévérité ; comme pour arriver par d'imperceptibles degrés jusqu'à l'oreille de cette enfant que son cœur réchauffe à l'ardeur de l'amour paternel, conseils sages, douce confiance, aimables leçons, tout est prodigué à celle que l'absence a rendue plus chère encore à l'affection d'un père. C'est qu'invariablement fidèle aux devoirs sacrés de la famille, le comte de Maistre voit dans ces devoirs le germe de la paix des sociétés, de la grandeur des états.

C'est en vain que le coup de foudre du 20 mars annonce de nouveaux orages. Impassible, il écrit : « Le » retour de Bonaparte est aussi miraculeux que sa » chute ; mais il faut se garder de désespérer (1) » ; et plein de vénération pour l'auguste maison de France, il l'appelle « la clef de la voûte européenne (2) », tant à ses yeux est puissant le principe appuyé sur la chaîne des siècles, tant est respectable le dogme de stabilité dans les races placées à la tête des sociétés humaines !

Après le traité de Paris, ses lettres s'adressent à tous les hommes éminents qui alors en France méritaient une renommée philosophique et littéraire ; il envoie au vicomte de Bonald l'*Essai sur le principe*, et reçoit en retour, de l'un des plus profonds penseurs de cette grande époque, les *Recherches philosophiques*. Heureuse communion de la pensée ! noble et sublime harmonie des intelligences ! rapports pleins de délicatesse et de courtoisie, où ces deux esprits supérieurs goûtaient, dans le charme d'une mutuelle admiration, ce bonheur qui n'appartient qu'aux âmes faites pour

---

(1) Lettres et opusc., 260.

(2) *Id.* 249.

s'apprécier et se comprendre ! Le vicomte de Bonald rendait un éclatant hommage aux *Considérations sur la France;* il appelait l'*Essai,* « un livre d'or. » De tels éloges étaient pour le comte de Maistre sa plus douce récompense, et cette haute opinion donnait plus de force encore à l'élan de son génie.

Souvent aussi, dans ce commerce d'une amitié d'autant plus étroite qu'un accord extraordinaire de la pensée l'avait créée, ces deux hommes éminents, partant du point où la révolution haletante s'était arrêtée dans son cours, jetaient ensemble un regard interrogateur à l'avenir, et cherchaient cette stabilité dans le bonheur qui, pour les états comme pour les individus, est le sceau de la sécurité. L'un, placé au centre de la politique européenne, en examinait les mouvements, en suivait la marche, observait avec méfiance les progrès de l'esprit novateur, les changements subits, funestes présages de commotions menaçantes; l'autre, du fond de cet empire de jeune civilisation, recevait ces impressions, et, doué de cette perspicacité merveilleuse qui tant de fois lui avait dévoilé l'avenir, partageait des craintes qui ne lui semblaient que trop d'accord avec sa haute raison.

Le calme rétabli en Europe rendit bientôt plus manifeste dans tous les états, un providentiel et pacifique travail de la pensée. Quand la science grandit dans une société non catholique, sa lumière éclaire les hommes de bonne volonté, éblouit les orgueilleuses intelligences : elle rallie les uns à la vérité, et abandonne les autres aux ténèbres du déisme. Des conversions éclatantes excitèrent le fanatisme, alarmèrent la politique russe. Au commencement de 1816, une mesure violente expulsa les Jésuites des deux capitales de l'empire. L'éloquence entraînante, l'invincible logique, la vaste érudition du comte de Maistre éveillèrent contre lui des soupçons de prosélytisme. N'était-il pas d'ailleurs une propagande vivante d'honneur et de vérité?

Cependant des passions subalternes fermentaient, et celui qui se disait hautement « l'ami de la Rus-» sie (1) » dut demander à son roi de faire cesser une mission qu'avait grandie son caractère.

C'est alors que fut trompée sa prévision exprimée au comte de Blacas avec une originalité si gracieuse : « J'avais renoncé à voir Paris, cette sage, folle, élé-» gante, grossière, sublime, abominable cité. » Pour le comte de Maistre, Paris est la ville des hautes intelligences, faite pour commander au monde; pour lui, cette immense agglomération d'hommes, c'est la masse imposante dont le génie du bien ou du mal tour à tour dirige ou irrite le formidable pouvoir, et amène les péripéties du 21 janvier 93, du 8 juillet 1815. Il accourt impatient vers cette société d'élite, foyer de l'Europe intellectuelle, où l'auteur du *Pape*, des *Considérations*, devait être accueilli avec cette urbanité, cet enthousiasme dus à la plus noble élévation du caractère et du talent.

Enfin, il foule le sol de la patrie, et le charme de cette réunion qui rend à son oreille la langue de son enfance, à son esprit, à ses goûts les mœurs, les habitudes de sa jeunesse, à son âme les premières effusions de la tendresse, est pour cet homme illustre comme ce dernier rayon du jour qui jette sur un beau soir un éclat mélancolique et doux.

Une dernière année allait pour lui commencer son cours, quand un écho lointain vint doucement charmer sa tristesse; celui qui fit vibrer avec tant d'éclat une lyre alors chrétienne, dès l'aurore de sa brillante carrière, vint caresser de son gracieux hom-

---

(1) Lett. et opusc., réflex. s. l'ouvr. de l'Archev. Méthode.

mage l'austère philosophe au déclin de la vie ; on aime à retrouver le nom de Lamartine là où il se rallie à la sainte vérité (1). Alors on admire le génie de la parole s'inclinant devant le génie de la pensée, et ce touchant respect du jeune poëte vient encore colorer de son prestige la gloire du profond écrivain.

Arrêtons-nous un instant ! car le lugubre tintement qui annonce les déchirements de la mort frappe douloureusement notre oreille, et nous allons voir s'éteindre le génie bienfaiteur dont le magnifique langage ralliait les intelligences à la vérité. Arrêtons-nous ! et de toute l'étendue du regard, embrassons cette carrière d'honneur resserrée entre deux nobles paroles qui marquent son principe et couronnent sa fin. Une lettre de Lausanne, en 93, déploie la bannière sous laquelle le sujet fidèle va marcher. « Mes amis, dit-il » à ses compatriotes, sachez être royalistes ; si vous » n'aimez le roi qu'à titre de bienfaiteur, et si vous » n'avez d'autre vertu que celle qu'il veut bien vous » payer, vous êtes les derniers des hommes ! comment » pourriez-vous balancer ? vos ancêtres ont promis » pour vous. »

Puis les années se suivent, amenant, à mesure qu'elles s'écoulent, leur riche moisson de dévouement sans mesure. En vain les pointes acérées du dénuement atteignent sa courageuse existence ; en vain son cœur paternel s'alarme et voit l'avenir s'assombrir ; en vain hors de la ligne austère du devoir s'offrent des situations brillantes ; il est pour les cœurs magnanimes une pauvreté généreuse dont ils font leur plus riche trésor ; et lorsque, sous le ciel de la patrie, la justice du souverain paraît tardive à nos yeux, lorsque, trois mois avant l'heure suprême et

(1) Lett. et opusc. — Lettre de M. de Lam., tom. 1er, pag. 576.

dernière, le roi dit à son ministre : « Il faut avouer » que tu es un honnête homme, » il recueille ce précieux témoignage, et répétant à sa famille la phrase royale, il ajoute avec un mélancolique sourire: « Il y » a cinquante ans que je le sers! et pour la première » fois il s'aperçoit que je suis un honnête homme (1).» Voilà l'homme qui grandit par le devoir noblement accompli. Sa conscience parle; il l'écoute, il marche, et la postérité s'incline devant cette haute et inflexible fidélité.

Si le divin Maître a dit aux Apôtres chargés d'annoncer sa parole au monde, « *Allez et enseignez ;* » s'il a revêtu d'une autorité sacrée les dépositaires de sa doctrine, il arrive, à des moments marqués par la Providence, que, hors des rangs du sacerdoce, des âmes d'élite, pressentant en elles-mêmes cette puissance de persuasion qui se révèle sous les formes de la plus élégante urbanité, prolongent une mission sacrée, et viennent enrichir le flambeau qui répand au loin la lumière de la foi.

Orphée et Platon chrétiens, deux hommes illustres, au même siècle, après les mêmes tempêtes, ont fait entendre leur voix imposante, au milieu de ce calme solennel qui suit les temps de confusion et de folie ; ils ont rempli le monde de l'éclat de leur apostolat laïque. Chateaubriand ramène la littérature à la religion, de Maistre lui rallie la philosophie.

Dans tout mouvement de civilisation, messagère céleste, la poésie se présente la première aux barbares de l'ignorance, comme aux barbares de l'incrédulité.

L'auteur du *Génie du christianisme* fait resplendir cette vérité, que, tour à tour majestueuse ou tou-

(1) Lettre inédite.

chante, la pensée religieuse, loin de restreindre l'élan du génie de l'homme, en agrandit la sphère, et, sous le pinceau de Milton, aux chants harmonieux de Racine, enfante les merveilles d'une littérature immortelle. A sa voix, les chefs-d'œuvre inspirés par la religion vénérée qui a traversé les siècles, se lèvent et se rangent rayonnants de beauté sous la bannière auguste dont l'impiété se promettait de disperser les lambeaux.

En vain l'incrédulité, brandissant ses sophismes, proclamait que la religion était incompatible avec la raison de l'homme; voici que le comte de Maistre, égalant, par la magnificence du style, et la hauteur de la pensée, les philosophes de tous les siècles, apprend aux générations futures comme à ses contemporains, que la philosophie chrétienne a des trésors où les sages de tous peuples puisent d'intarissables richesses.

Ce fut en manifestant dans *la Théorie des sacrifices*, la consommation du plus touchant mystère de cette religion auguste dont il avait célébré les grandeurs, que cet homme illustre termina sa trop courte carrière. Déjà le roulement sinistre d'un nouvel orage se faisait entendre dans le lointain, lorsque, le 14 février 1821, son âme s'élançait hors de l'étroit horizon de la vie. Seul, peut-être, il avait sondé les questions les plus redoutables sans s'abîmer dans leurs profondeurs; seul, confiant les trésors de la science, l'essor de sa brillante intelligence à la garde de l'humilité chrétienne, il avait compris le mécanisme secret et entrevu l'organisation merveilleuse de la création. Mais il avait entendu la voix qui dit aux flots de la mer, alors qu'ils se pressent contre le grain de sable, éternelle limite de leur puissance, cette voix mystérieuse qui dit : « Vous n'irez pas plus loin ! »

Ce fut en prononçant le mot *sacrifice*, que le comte de Maistre obéit à son tour aux lois immuables dont il avait béni l'éternel Auteur. C'est en répétant ce même mot, le front incliné, le regard assombri, que nous élevons notre pensée à ce moment suprême qui le ravit à notre reconnaissance. Mais s'il disparaît, si sa main est immobile, si sa langue est glacée, si la mort l'enveloppe de son funèbre manteau, si la pierre d'une tombe s'est dressée pour interrompre à jamais les rapports si doux qui tempèrent l'amertume des misères de la vie, sachons, nous élevant après lui, le suivre sur la route glorieuse de l'immortelle patrie; et, franchissant les domaines de la mort, traversant les régions de l'infini, nous retrouverons au pied du trône de Dieu celui qui ne fut pas seulement la gloire de son pays, l'honneur de sa famille, mais dont le plus beau titre, à ses propres yeux, pendant sa briève existence; au regard de Dieu pendant l'éternité, est le titre de *chrétien fidèle* ! !

TOULOUSE, IMPRIMERIE DE J.-M. DOULADOURE.

www.ingramcontent.com/pod-product-compliance
Ingram Content Group UK Ltd.
Pitfield, Milton Keynes, MK11 3LW, UK
UKHW021114290826
14628UKWH00014B/2185

9 782012 477575